# PLAIDOYER

DE

# M<sup>e</sup> LÉON SANDON

AVOCAT, ANCIEN AVOCAT GÉNÉRAL,

CONTRE

## LES MÉDECINS TARDIEU, BLANCHE, PARCHAPPE, FOVILLE, BAILLARGER & MITIVIÉ,

PRONONCÉ

à Paris, devant la Première Chambre, le 9 mai 1865.

BRUXELLES

IMPRIMERIE DE A. MERTENS ET FILS,

22, RUE DE L'ESCALIER.

1865

# TRIBUNAL DE PREMIÈRE INSTANCE DE LA SEINE

## (1ʳᵉ CHAMBRE)

### Séance du 9 mai 1865.

Présidence de M. BEDEL.

Juges : MM. JOLLY,
GLANDAZ,
CAZENAVE,
PICOT.

Substitut : M. CHEVRIER.

Messieurs les juges,

Je serai modéré comme vient de m'y engager M. le président, en
m'accordant la parole ; la modération convient au bon droit et à une
bonne conscience ; je vous promets donc de respecter non-seulement
tout ce qui est réellement respectable, mais tout ce qu'il est dans les
convenances de respecter. Après les tortures et les diffamations que
j'ai subies, je ne me dissimule pas que je dois être sous le coup de
bien des préjugés et que la faveur que vous m'accordez de plaider
devant vous, mérite ma reconnaissance ; je m'efforcerai de justifier
la confiance dont vous venez de me faire crédit ; c'est ma ferme vo-
lonté et je sens que je le puis ; ma saine et robuste constitution a
résisté à de cruelles épreuves ; mon intelligence a survécu à de grands
malheurs ; mais le cœur est bien malade, oh ! oui, bien malade ; je
chercherais inutilement à vous le cacher. Si je montre trop de sen-
sibilité ou quelque faiblesse, daignez donc m'excuser et me soutenir
de votre indulgence.

Je me présente, comme vous voyez, seul devant vous, sans avocat,
plaidant moi-même. Cela ne signifie pas que je n'aie trouvé aucun
avocat qui ait consenti à me prêter son appui. J'en ai au contraire
trouvé beaucoup et des plus éminents ; mais tous ont pensé, et j'ai
pensé comme eux, que quelque évident que fût mon bon droit, quelque intéressante que fût ma position, l'opinion publique et vous-mêmes
pourriez penser qu'on m'a dépeint et qu'on a dépeint mon supplice
avec des couleurs imaginaires. Et puis ces hommes éminents qui
m'auraient prêté leur appui ont tous un passé politique et un cachet
spécial dont ils marquent tout ce qu'ils touchent ; ils ont pensé que
je devais rester et me montrer tel que j'étais, et que personne ne devait déteindre sur moi. Ils ont pensé enfin que dans une affaire où il
s'agissait d'apprécier l'intelligence d'un homme, la pièce la plus importante du procès, c'était moi-même. Vous pensez certainement
comme eux et comme moi qu'ils ont eu raison. (*Marques générales
d'assentiment.*)

Je plaide donc contre les médecins qui m'ont fait mettre à Charenton. Je soutiens que leur certificat qui me déclarait atteint de
délire ambitieux, de tics nerveux, de paralysie, de perte de sens
commun était le produit d'une erreur grave, le produit de leur servilité, de leur complaisance coupable envers un ministre tout-puis-

sant. Je les ai fait assigner devant vous dans le désir et l'espérance d'un débat contradictoire; aucun d'eux n'a constitué d'avoué, et tous font défaut. Cette manière d'agir semble étrange. Est-ce que ces messieurs les médecins aliénistes ont le droit de mépriser la magistrature et de se mettre au-dessus des lois? Les lois sont, dit-on, des toiles d'araignée, où sont prises toutes les petites mouches, et à travers lesquelles passent les grosses. Est-ce que les docteurs Tardieu, Parchappe, Foville, Baillarger, Mitivié, Blanche, se croient ou sont réellement d'assez grosses mouches pour passer au travers des lois? Je ne l'avais pas pensé; j'avais seulement entendu dire que le docteur Tardieu était une très-fine mouche. (*Sourires d'approbation.*) La conduite de ces médecins assignés qui ne se présentent pas me semble insolite, je dirais même insolente. Pourtant l'affaire est trop sérieuse pour que je pense qu'ils aient voulu faire une bravade. Ils se cachent probablement parce qu'ils ont peur; ils ont peur et ils ont honte. Quel rôle en effet viendraient-ils jouer à cette audience, en soutenant que j'ai été fou ou que je le suis quand vous et l'auditoire êtes là pour me juger? Quand on sait que depuis un an, que je suis en liberté, les princes de l'intelligence, appartenant au barreau, à la politique, à la littérature, m'ont honoré les uns de leur bienveillance, les autres de leur amitié, les autres de leur intime familiarité? Pendant que j'étais enfermé à Charenton, et qu'on ne pouvait pas me voir, le mensonge était possible et les dupes faciles à persuader; mais aujourd'hui on me voit, on m'entend.

Ces médecins, par leur lâche complaisance, m'ont fait un mal et causé un préjudice énormes. Ce ne sont pas eux qui ont commencé contre moi les persécutions; ils n'ont été que les derniers, mais les plus cruels et les plus immoraux instruments dont on s'est servi. Avant de demander leur concours et leur complicité pour se débarrasser de moi, le préfet de police m'avait déjà fait arrêter seize fois. La moitié de ces arrestations ne durait que deux ou trois jours: on m'enfermait à la prison du dépôt de la préfecture, dans une petite cellule appelée pistole, on m'y permettait de me faire apporter du dehors un peu de vin et de viande et de coucher dans un lit en payant. Au bout de ce temps, on me conduisait devant le chef de la division de sûreté qui m'accablait d'injures et de menaces et me faisait reconduire à l'embarcadère par deux agents de police. Six fois on m'avait conduit à Mazas, où on me gardait pendant un mois ou un mois et demi; on me menait chez le Juge d'instruction en voiture cellulaire; devant le Juge d'instruction, les choses se passaient assez originalement en simple conversation; ce magistrat m'expliquait que ma présence à Paris inquiétait très-vivement M. le premier ministre, que son Excellence, pour conserver la faveur impériale, avait besoin de montrer à l'empereur une déclaration de telle ou telle manière signée de moi, et il me la présentait à signer toute faite, écrite de la main du ministre. Je refusais d'abord de la copier et de la signer. Après mon refus on me reconduisait à Mazas, où on me laissait deux ou trois jours sans manger, puis le juge lui-même venait me voir, m'assurant qu'il fallait absolument signer, sinon qu'on allait me garder pendant au moins deux ans en prévention, au bout duquel temps on me mettrait à Bicêtre pour le reste de ma vie. Je résistais encore; le juge revenait me voir, m'affirmant que j'étais entre les serres de l'aigle de Jupiter lui-même, qu'il fallait avoir du bon sens, un peu de docilité. Je finissais par céder, alors on me redonnait à boire et à manger tout ce que je demandais, on m'apportait des livres, et le surlendemain j'étais en liberté par suite d'ordonnance de non-lieu. Mais les mouchards me conduisaient toujours à l'embarcadère, après m'avoir préalablement conduit devant le chef de la police de sûreté qui m'accablait d'injures et de menaces. Les autres Juges d'instruction ne me faisaient subir aucun interrogatoire, ni rien signer. Ils me faisaient appeler quelquefois pour me menacer; puis au bout d'un certain temps on me mettait en liberté sans que je susse comment ni pourquoi; ils ne m'évitaient aucune humiliation, telle que d'être conduit par les gendarmes, enfermé dans les cachots d'attente, etc., etc.

A ma quinzième arrestation, le chef du service de sûreté était ivre de colère. Deux agents étaient venus m'arrêter dans la gare d'Orléans au moment où je descendais de wagon; ils me conduisirent au dépôt de la préfecture après m'avoir enlevé ma malle dont ils examinèrent un à un chaque effet, me firent mettre tout nu, et me fouillèrent minutieusement; puis à deux heures ils me conduisirent devant leur chef. Les autres fois il était rouge de colère; mais cette fois il me parut bleu, presque vert, et si plein de rage qu'il en avait le hoquet. Il ne prononça que quelques mots saccadés et hachés : « ah!
« vous revenez encore à Paris, je vous ai bien dit qu'il fallait res-
« ter enfermé dans votre trou; ah! vous n'en avez pas assez; eh
« bien, cette fois-ci on va vous en donner à votre aise; agents, vous
« allez le conduire à la prison du dépôt, et qu'on ne le mette pas à
« la pistole comme les autres fois; il faut qu'on mette ce citoyen
« dans le salon de la démocratie, et dans la soirée j'enverrai des
« ordres; allez. » On me conduisit donc dans ce qu'il appelait le salon de la démocratie, c'est-à-dire dans un immense galetas où vivaient pêle-mêle deux ou trois cents vagabonds, l'écume de Paris. Ma présence produisit sensation au milieu de cette société; chacun

à tour de rôle vint m'examiner de près ; puis ils se communiquaient leurs observations et suppositions à mon sujet. Rien n'est agaçant comme cette curiosité moqueuse et insultante des hommes dépravés qui ont conscience de la force qu'ils puisent contre vous dans l'intensité de leur dégradation et de leur cynisme. Ils sentent la terreur qu'ils vous inspirent, car ils sentent que si vous les approchez ils vous souilleront. J'étais donc au milieu de tous ces misérables, souffrant leurs injures, leur commentaires, leurs moqueries. Quand le soir, vers six heures, un geôlier apporta notre nourriture par un guichet, c'était un triste spectacle de les voir, comme une bande de porcs affamés, se précipiter vers le guichet pour prendre leur écuelle de soupe, écuelle de bois avec une cuiller de bois. Comme je me tenais à l'écart par chagrin et par dégoût, un d'eux m'apporta mon écuelle et fit, en me la remettant, le simulacre de se moucher dedans avec ses doigts. Je ne pus rien manger ce soir-là. Les jours suivants j'allai chercher mon écuelle et je mangeai comme les autres, j'avais faim. Mais combien j'ai souffert, o mon Dieu ! pendant les onze jours qu'il m'a fallu rester dans cet enfer !... Pendant le jour je recevais, outre les plus grossières injures, des coups de doigts aux oreilles qui me les enflammaient et me donnaient la migraine, des coups de pied par derrière, de vieux souliers, des morceaux de bois à la tête, et je ne pouvais voir d'où cela venait, car au risque de me faire estropier j'aurais essayé d'en battre un. Mais je n'étais jamais assuré de l'agresseur et ne pouvais lutter contre tous à la fois. Les jours étaient donc bien pénibles. Mais les nuits ! Oh ! les atroces nuits !... Non, Dante, dans sa description de l'enfer, n'a rien imaginé d'aussi horrible. Il fallait se coucher tout habillés, les uns à côté des autres, sur un plancher en pente et recouvert d'une immense couverte commune. On était dévoré par la vermine ; on entendait, on voyait de tous côtés s'agiter les vices les plus hideux; c'était Onan, c'étaient Sodôme et Gomorrhe. O mon Dieu ! arrachez-moi de la mémoire de pareils souvenirs; ils me pèsent comme un cauchemar. Il fallait rester couché cependant, le règlement l'exigeait; une fois je voulus me lever; une grosse main velue et lippeuse s'abattit sur ma figure. Oh ! que j'ai souffert ! (*Sensation générale et très-vive. Exclamations d'indignation dans l'auditoire.*)

(Ici M. le président interrompt M. Sandon pour annoncer que les débats de ce procès ne pourront être publiés.)

Ces souvenirs, messieurs, vous blessent ; imaginez donc combien on devait souffrir devant la réalité. Au bout de onze jours on me mit en liberté. Suivant l'habitude, on me conduisit devant le chef du service de sûreté qui, souriant comme un triomphateur, me demanda si j'en avais assez, si j'aurais encore envie de revenir à Paris, et me fit reconduire à l'embarcadère par deux mouchards.

Pourtant je n'étais pas encore habitué à ce régime et à ces allures ; je ne pouvais comprendre qu'au mépris de toutes les lois, on pût arrêter, séquestrer, supplicier un citoyen uniquement parce que sa présence à Paris était désagréable à un ministre. J'étais jeune, je me croyais et on me croyait intelligent, je ne pouvais supporter cet internement qui paralysait toutes mes facultés. J'adressai une pétition au Sénat pour lui dénoncer tous ces faits et lui demander l'autorisation de poursuivre M. Billault ; le Sénat ne s'occupa pas de ma pétition. C'est alors que décidé à employer tous les moyens légaux pour sortir de cette insupportable position, je vins à Paris consulter quelques-uns des chefs de notre ordre. Leur avis fut qu'il fallait adresser une requête au Conseil d'État pour lui demander l'autorisation de poursuivre M. Billault, et on m'indiqua Me Duboy. Me Duboy ne me flatta pas d'un succès ; il me dit sincèrement que quel que fût mon bon droit je n'obtiendrais pas cette autorisation, mais que j'obtiendrais d'éveiller l'attention d'un puissant corps de l'État sur une persécution odieuse, que M. Billault et le préfet de police seraient l'objet de remontrances particulières, intimidés par une lueur de publicité et me donneraient probablement la paix. Ces, prévisions me semblèrent raisonnables, et Me Duboy, muni de ma procuration, présenta sa requête.

Un mois après, étant chez moi, à Felletin, je reçus par lettre une invitation de me rendre à Paris devant le juge d'instruction. Je trouvais cette manière de procéder assez étrange ; néanmoins je voulais partir, ne me sentant coupable de rien et n'imaginant pas qu'on pût m'arrêter pour une requête présentée légalement au conseil d'État et sur laquelle on ne devait pas statuer avant plusieurs mois. Mais ma mère, qui savait tout le passé, en fut vivement alarmée et s'y opposa par toutes ses supplications et toutes ses larmes ; et comme je persistais à vouloir partir, elle se leva la nuit pendant que je dormais et alla dans mon secrétaire me prendre tout mon argent qu'elle enferma sous clef dans sa commode ; je le redemandai inutilement, elle refusa de me le rendre, et alla prier tous mes amis et tous les membres de ma famille de ne pas m'en prêter. Elle écrivit à La Gueronnière qui lui répondit de s'opposer vivement à mon départ, que la police à mon égard était capable de tout, même de m'étouffer. Je ne partis donc pas ; et au bout de huit jours deux mouchards arrivèrent de Paris, à cinq heures du matin, m'arrêter dans mon lit. Ma mère, réveillée en sursaut, se trouva mal toute nue entre leurs bras, et ces agents déplorant ouvertement la triste mission qu'on leur impo-

sait, la soignèrent avec respect et tendresse, et pleuraient presque
autant que moi. Ma mère reprit connaissance et alors il me fallut la
quitter, m'arrachant avec peine à ses embrassements et l'entendant
qui me disait en étouffant de sanglots : « Pauvre petit, je ne te verrai
plus ; les brigands vont t'assassiner. » Nous ne devions plus nous
revoir en effet ; je devais bien souffrir, mais c'est elle qui a été assas-
sinée. Mais n'anticipons pas sur les événements.

A peine arrivé à Paris, les mouchards me conduisirent à la prison
de la préfecture de police et au bout de trois jours je comparus
devant le juge d'instruction ; ce juge m'apprit que j'étais accusé d'avoir
dénoncé calomnieusement M. Billault, que la dénonciation était ma
requête au conseil d'État et que la calomnie résultait d'une enquête
que lui juge avait faite sur les faits articulés par moi, et que les
ayant trouvés faux, il avait rendu, en faveur de M. Billault, une ordonnance de non-lieu. Je fis observer à M. le juge que ma requête au
conseil d'État était un acte légal qui ne ressemblait en rien à une
dénonciation, que personne autre que le conseil d'État lui-même
n'avait le droit de statuer sur cette requête, que le conseil d'État,
seul compétent pour m'autoriser à exercer des poursuites contre
M. Billault, était aussi seul compétent pour m'admettre à prouver
les faits que j'articulais ; que si je ne les prouvais pas je pourrais
être poursuivi comme calomniateur, mais que le conseil d'État
n'ayant pas encore statué, lui juge n'avait pu faire aucune enquête ; que
je ne concevais pas comment il avait pu faire cette enquête sans que
j'en eusse rien su, ni été mis en demeure de fournir aucune preuve ;
que M. Billault étant inviolable en sa qualité de ministre, il me semblait étrange que le juge, qui certes n'aurait pu décerner contre lui
aucun mandat d'amener ni exercer aucunes poursuites, prétendit
avoir rendu une ordonnance de non-lieu ; que cette ordonnance de
non-lieu, cette enquête qui l'avait précédée étaient illégales, matériellement et moralement impossibles, que je le défiais de me les montrer
et d'établir sur de pareilles bases une accusation contre moi. Au
surplus, lui dis-je, accusez-moi de ce que vous voudrez et comme vous
voudrez, je regarderai un procès comme un grand bonheur, car au
moins je plaiderai contradictoirement et arriverai à une solution
quelconque. « Non, on ne vous fera pas de procès, me répondit le
« juge ; on m'avait prévenu, et je vois que vous êtes fou, atteint de
« monomanie raisonneuse. J'ai chargé trois médecins, les docteurs
« Blanche, Tardieu et Foville, d'aller examiner votre état mental.
« S'ils vous trouvent fou comme la chose me semble évidente, on
« vous enfermera dans une maison d'aliénés. »

Ces inexactitudes, c'est-à-dire cette enquête contre M. Billault.

cette ordonnance de non-lieu en sa faveur, choses illégales, impossibles, sont constatées dans le rapport de M. Tourangin au sénat. Ainsi c'est bien évident : Je présente une requête contre M. Billault au conseil d'État, seul compétent pour autoriser les poursuites, et avant que le conseil d'État ait statué, un juge d'instruction, prétendant avoir fait une enquête illégale, impossible, se met en demeure d'étouffer cette affaire en m'étouffant moi-même, et m'envoie des médecins aliénistes avec mission de me déclarer fou. Et ces inexactitudes sont impudemment, on peut dire bêtement, constatées dans le rapport de M. Tourangin au sénat, et parmi tous ces sénateurs, personne n'y a fait ou n'a voulu y faire attention; personne n'a demandé la parole pour dire : « Mais il y a là un mensonge, une impossibilité légale. » Il y a pourtant au sénat des gens qui connaissent les lois; mais le silence est d'or.

L'invention de ma folie était dans l'intérêt de M. Billault; elle avait pour but d'étouffer ma pétition au sénat, ma requête au conseil d'État, de permettre au juge d'instruction de sortir d'une impasse, de m'accabler d'outrages après m'avoir mis dans l'impossibilité de me défendre, de m'infliger la plus cruelle et la plus hypocrite des tortures, le plus lâche et le plus cruel des assassinats. Cette manière de procéder, en faisant de la folie de l'accusé un bouclier pour l'accusateur, est d'une immoralité révoltante. La folie est une circonstance atténuante pour l'accusé qu'elle exempte de la peine du crime, qui détruit le crime lui-même en le changeant en simple accident, mais qui ne doit lui enlever aucune des garanties que lui accorde la loi. Ces garanties sont une accusation publique, des débats publics et contradictoires et si, après ces débats, le fait reproché à l'accusé paraît bien établi et que l'accusé soit fou, la folie constatée l'exempte de la peine. Telle est la loi faite dans l'intérêt de la vérité; mais la loi, telle que l'a entendue le juge dans l'intérêt de M. Billault, avait pour but de lui permettre de m'accuser, de me déshonorer, de me faire flétrir par son sénat avec la plus complète sécurité, en m'interdisant toute réponse.

Les médecins ne manquèrent pas de constater, comme les en avait prévenus M. le juge, que j'étais atteint de monomanie raisonneuse. Mais, c'était trop peu, il fallait du zèle; on découvrit et on attesta que j'étais paralysé du bras droit et de la jambe droite; que j'avais un tic involontaire allant de l'œil gauche à l'oreille gauche, et me faisant faire la grimace trente fois par minute; que j'étais à moitié paralysé de la langue, ne pouvant plus parler qu'avec la plus grande difficulté; que j'étais atteint du délire ambitieux; que toutes ces maladies étaient incurables de leur nature, et ne pouvaient qu'aller en s'aggravant jusqu'à ma mort. Eh bien, messieurs, vous apercevez-vous que j'aie la langue paralysée ; voyez-vous ce tic allant de l'œil gauche à l'oreille gauche? (*Hilarité générale.*) Quant à la paralysie du bras droit, si le docteur Tardieu était à sa portée, je pourrais lui prouver sur la figure, par un argument d'un certain poids, que si la paralysie a existé, elle n'était pas incurable. (*Hilarité prolongée.*) Pour mon délire ambitieux, savez-vous sur quelle preuve on a cru pouvoir l'établir. On a produit une lettre que j'écrivais à M. Bethmont en 1856, où, en épanchant mon cœur et développant mes rêves d'avenir, je lui disais que mon ambition consistait à être un jour bâtonnier des avocats de Paris. M. Bethmont, que j'aimais filialement, m'avait toujours honoré de la plus ardente et de la plus active bienveillance ; je pouvais lui écrire cela, car je le rêvais en effet et je le rêve encore. C'est après sa mort que cette lettre est tombée, je ne sais comment, aux mains de M. Billault, qui l'a communiquée aux médecins. Eh bien, messieurs, je vous demande s'il y a un seul avocat stagiaire ayant quelque intelligence, quelque ardeur, quelque désir de se distinguer dans sa profession, qui ne fasse ce rêve? Je le demande aux jeunes et nombreux avocats qui m'écoutent en ce moment. Ce rêve est tellement naturel, tellement moral, qu'il est presque un titre d'honneur pour celui qui le fait ; il encourage et fortifie ; il force à travailler et à mériter l'estime. Pensez-vous qu'il serait plus moral de rêver qu'on puisse devenir ministre, se couvrir d'honneurs au pluriel, et gagner des millions en participant activement à détruire le gouvernement ou la liberté de son pays? Voilà pourtant la seule raison qu'on a donnée de mon délire ambitieux. Il est celui de tous les jeunes avocats qui ont quelque valeur. Dans une position analogue, il est celui de tous les sous-lieutenants qui sortent de Saint-Cyr. Chacun rêve d'être un jour maréchal de France. En tout cas, si ces rêves sont chimériques, ils ne sont pas dangereux pour la sécurité de l'État ni pour celle de la société, et leurs auteurs ne méritent pas d'être mis à Charenton. Voilà pourtant la raison, la seule raison que les médecins ont cru devoir donner de mon délire ambitieux.

Voilà pourtant sur quels motifs je fus mis à Charenton. Que pensait-on en agissant ainsi? quel but désirait-on? Il ne m'est pas donné de lire dans l'âme de la police, si elle en a une ; mais on pensait probablement que dans ce pays où l'opinion est comprimée par les fonctionnaires, et les honnêtes gens intimidés par les autres, personne ne s'occuperait de moi et que je deviendrais fou à force de chagrins. On pensait aussi certainement que M. Billault, étant encore jeune et en pleine faveur, vivrait assez longtemps pour protéger et récompenser ses complices.

On me mit donc à Charenton. Dans les monarchies orientales, quand on voulait se défaire d'un homme, on lui envoyait le cordon par des eunuques noirs pour qu'il se pendît ; en Espagne, on le faisait comparaître devant l'inquisition ; à Rome, du temps des Borgia, on le faisait empoisonner, ou tout simplement assassiner par des bravi. En France, pays de progrès, sous le règne de Napoléon III, M. Billault inventa le procédé de le faire enfermer dans une cellule de Mazas, de bien le fatiguer matériellement et moralement, et ensuite de lui expédier des médecins aliénistes. Ce dernier procédé est plus hypocrite, mais plus lâche et plus cruel que les autres. C'est le procédé Billault, qui aurait pu en être breveté comme inventeur avec garantie du gouvernement. (*Sensation.*)

J'étais donc à Charenton, peut-être pour toute ma vie, et assurément pour tout le temps de la vie et de la faveur de M. Billault, qui y payait ma pension de ses propres deniers. Mais ce payement même était le moyen d'une aggravation de souffrances. Il y a à Charenton trois classes de pensionnaires ; M. Billault m'avait mis à la troisième ou dernière. Ma famille demanda vainement à plusieurs reprises de payer ma pension entière ou le supplément de ma pension pour qu'on me mît au moins à la seconde classe où j'aurais pu avoir une meilleure nourriture, et surtout une petite chambre à moi où j'aurais pu me retirer et travailler pendant le jour et dormir tranquille pendant la nuit. Le préfet de police ne voulut jamais y consentir. Il me fallut donc rester à la troisième classe, dont les pensionnaires couchent à heure fixe dans un dortoir commun et se lèvent à heure fixe. Il arrive dans ces dortoirs, plusieurs fois par semaine, que des malheureux fous se lèvent dans la nuit et viennent vous réveiller en sursaut pendant votre sommeil pour vous tracasser ou même pour vous frapper ; il arrive souvent qu'ils font un tel tapage et poussent de tels cris que les infirmiers sont obligés de se lever pour les faire coucher par force ; qu'ils se débattent, qu'ils mordent, qu'ils crient, qu'on est alors obligé de les terrasser sur le plancher, de les lier, de leur mettre la camisole de force. On entend alors pendant quelques heures, souvent pendant toute la nuit, des cris, des sanglots, des hurlements qui vous déchirent l'âme et vous attristent profondément. Après de telles nuits, il faut le matin se lever à heure fixe, au son de la cloche, à cinq heures en été, à six heures en hiver, et passer toute sa journée dans des cours ou dans des corridors, sans rencontrer un regard ami, une conversation qui rafraîchisse et repose, une parole de bon sens et de consolation. La torture du moyen-âge qui vous brisait les membres était moins atroce que cette torture qui vous brise l'âme. La santé de l'âme exige des conditions analogues à la santé du corps ; de même que le corps le plus sain peut être attaqué par les maladies contagieuses ou épidémiques; je crois que l'âme peut se détériorer, se corrompre, se dissoudre au milieu d'autres âmes malades. S'il doit y avoir une inquisition politique et que les médecins aliénistes en soient les juges, je crois que les victimes de Tardieu souffriront plus que celles de Torquemada.

Lorsqu'un malheureux fou vient à mourir, c'est un jour de fête pour la science. Le cadavre est porté dans un amphithéâtre où se rendent médecins, internes, chirurgiens, apprentis, simples amateurs; on lui casse délicatement la tête à coups de marteau pour ne pas endommager la cervelle, et le docteur en chef montre à l'œil nu quelle lésion, quelle dépression, quelle paralysie engourdissait ou exaltait la pensée. Toutes les folies ont laissé leurs traces sur la matière, du moins les maîtres le prétendent. L'ambition, l'amour, le libertinage, laissent des traces visibles, la pensée elle-même n'étant qu'un produit de fluides nerveux et animaux. Après avoir examiné le cerveau, l'estomac, le cœur, le ventre, les parties sexuelles et dit bien des sottises, on abandonne la triste dépouille aux infirmiers. Ceux-ci ne cherchent pas à faire de la science, mais ils arrachent toutes les dents, qu'ils revendent ensuite trois francs pièce aux dentistes de Paris. Cela fait, on les enterre pendant la nuit, et les infirmiers qui ont fait l'ouvrage se réunissent ensemble, au retour vers minuit, pour plaisanter un peu en buvant un vin chaud. Je voyais ce cimetière avec toutes ses petites croix noires sans nom comme celles des suppliciés, et je me disais que telle serait ma fin probablement. Après combien de temps de souffrances? je l'ignorais. Mais je ne suis pas un esprit fort, moi; j'ai les souvenirs, les impressions, les préjugés de ma famille, de mon enfance, de mon pays. La mort m'aurait semblé bien moins amère si j'avais eu l'espérance d'être enterré près de mes pères, sous l'ombre fraîche et épaisse des grands noyers qui sont dans le cimetière de mon pays, et que chacun de ceux qui m'ont connu, en lisant mon nom écrit sur une pierre, donnât à mon souvenir une bonne parole, un regret, peut-être une larme. Ce cimetière de Charenton, que je voyais devant moi, me faisait horreur. C'était une des formes de mon supplice. (*Vive sensation.*)

Et pourtant, il ne fallait pas songer à être mis en liberté pendant que vivait M. Billault. Ainsi, une oisiveté écrasante, pas un livre, ni plume ni encre, pas un endroit où je pusse au moins me recueillir et pleurer; telle est la vie des pensionnaires de la dernière classe, la vie qu'on m'avait faite. Elle aurait même été plus dure encore, sans l'autorité du médecin en chef qui m'évitait les supplices inutiles; mais à

une époque de l'année, il prit trois semaines de vacances et la direc-
tion échut à quelqu'un qui avait envie de faire du zèle, de se créer
des titres à la faveur du ministre. Sans que je susse pourquoi, il me
fit conduire dans la division du Sénat; les infirmiers ont donné ce
nom à une division où sont des malades généralement âgés, tellement paralysés du cerveau qu'ils ne savent plus boire ni manger
seuls, ni s'habiller, ni vaquer à aucune des fonctions nécessaires à
la vie. Les infirmiers ont avec cette catégorie de malades une peine
énorme, des soins très-répugnants; quoiqu'on les paye plus cher là
que dans les autres divisions, ils se regardent comme en punition
quand on les y envoie. Ils préfèrent être dans la division des fous
furieux où ils reçoivent des coups et risquent d'être estropiés, qu'a-
vec ces puants et dégoûtants sénateurs. Je n'y restai que quatre
jours, parce que le médecin en chef revint et m'en fit sortir. Il en
était temps; je ne pouvais plus y rien manger et je m'y décomposais.
Quelles figures! quelle vie! quelle infection!

Pendant ce temps-là, mon affaire faisait quelque bruit au dehors.
Mon avocat au conseil d'État, Mᵉ Duboy, en avait parlé au palais et
avait publié quelques notes à mon sujet. Un grand personnage avait
entendu dire que M. Billault détenait à Charenton un homme qui
n'était pas fou, qui ne l'avait jamais été, qui jouissait, dans son département, de l'estime et de l'affection générales. Ce grand personnage avait dit qu'il viendrait me voir pour s'assurer de la vérité par
ses propres yeux, et sa visite avait été annoncée à Charenton. Il y
vint en effet et demanda à voir M. Sandon. On lui mena une espèce
d'idiot traînant un bras et une jambe, faisant une grimace dans la
figure par suite d'un tic, bégayant, horrible à voir, malpropre, dé-
goûtant, stupide. Il l'interrogea sur vingt sujets différents, et ne put
en tirer aucune réponse, rien, absolument rien. Il rentra à Paris
bien convaincu et disant à tout le monde qu'il m'avait vu; que si
j'avais été intelligent jadis, j'étais malheureusement arrivé à l'abru-
tissement le plus complet; que j'étais à Charenton dans le seul endroit qui me convînt; que j'étais bien soigné; que je n'avais que
quelques mois à vivre; qu'enfin la plus insigne mauvaise foi, le seul
délire de l'esprit de parti pouvaient expliquer les attaques qu'à mon
sujet on dirigeait contre le ministre. Quand, plus tard, je fus rendu
à la liberté, et que le même personnage m'eût vu en face, et parlé, il
hésita longtemps à croire que c'était moi, n'ayant vu ni ma physionomie, ni mon regard, ni entendu ma parole; il lui fallut plusieurs
témoignages de personnes qui me connaissaient depuis longtemps
pour lui persuader que c'était bien moi. Après de pareils tours, on
comprend aisément que la police ne pouvait plus, sous aucun pré-

texte, me rendre à la liberté. L'honneur du ministre et celui de ses complices commandaient impérieusement ma détention perpétuelle à Charenton. Ma mort même était nécessaire, et on y serait arrivé, si le ministre n'était mort si vite, et si inopinément.

Je me rappelle qu'un jour, pendant la visite du matin, je me plaignis assez amèrement au médecin en chef de ce que, me sachant très-sain de corps et d'esprit, il ne faisait aucune démarche pour me rendre la liberté; je l'accusais d'être complice de la police, d'avoir oublié sa qualité de médecin pour prendre celle de geôlier. Il ne me répondit pas directement, mais s'adressant aux infirmiers : « Vous mènerez, leur dit-il, M. Sandon dans mon cabinet, vers deux heures. » Quand je fus dans son cabinet, il se leva et me mettant sa main droite sur l'épaule : « Pauvre malheureux, me dit-il, vous prenez de l'humeur contre moi, vous m'accusez de vous garder ici, d'être le complice de vos bourreaux ; quel intérêt m'y supposez-vous? la cupidité. Eh bien, sachez et ne l'oubliez pas, que si j'avais eu la soif de l'or, il y a déjà quelques mois que tout serait fini. Retournez dans votre division et ne m'accusez plus. » Je lui serrai la main, il serra la mienne, et nous vîmes dans nos regards que nous nous étions compris. Je n'avais à craindre, sous le rapport que j'indique, que lorsqu'il prenait quelques jours de congé. (*Sensation.*)

Telle était ma position ; mais, si affreuse qu'elle fût, je devais me croire sous la protection de la loi de 1838, qui fixe et consacre les droits des aliénés. Cette loi, d'accord avec les principes de morale et d'équité admis chez tous les peuples, énonce que lorsqu'un individu est déclaré fou, personne n'a le droit de l'insulter et de le diffamer publiquement, parce que sa responsabilité ne peut être engagée, parce qu'il ne peut pas se défendre, ni se faire défendre, parce qu'on doit ménager son honneur et la juste susceptibilité de sa famille. Eh bien, ce que le plus vil pamphlétaire n'aurait pas osé faire sans que le ministère public lui en eût demandé un compte sévère, un sénateur, répondant au nom de Tourangin, a osé le faire en plein sénat. Sur la demande du ministre Billault, il a commencé par déclarer au sénat que j'étais fou ; puis, partant de là où il aurait dû s'arrêter devant la morale, la loi, le bon sens, il m'a diffamé pendant une heure; et le sénat l'a supporté! et je n'ai pu me défendre, et aucun journal n'a pu insérer aucune réponse de moi !

Quand ce rapport Tourangin, qui est la plus illégale, la plus immorale, la plus odieuse, la plus dégoûtante diffamation, parut dans les journaux, chacun, dans mon département, se les arrachait; on envahissait les cafés, on se groupait sur les places publiques. Ma famille en était couverte de honte et de désolation; ma pauvre mère en fut immédiatement frappée au cœur mortellement, et se mit au lit tout de suite. On me l'écrivit à Charenton, en me priant d'essayer d'obtenir l'autorisation de me faire conduire près d'elle, car elle répétait à tous ceux qui s'empressaient auprès d'elle pour la consoler et la soigner : « Oui, je guérirai, si on me donne le remède qu'il me faut ; qu'on me donne mon fils, que je puisse le voir et l'embrasser. » J'écrivis au préfet de police pour le supplier de me faire conduire près de ma mère, sous la garde de deux agents, que je payerais à mes frais et qui me ramèneraient. Le préfet de police répondit verbalement à mon envoyé : « Non, Sandon ne sortira pas ; il vaudrait bien mieux que ce fût lui qui crevât que sa mère ; mais on le soigne trop bien, cet animal, et les médecins sont trop doux à son égard ; » telle est la seule réponse que je pus obtenir.

Quelques jours après, ma pauvre mère m'écrivit de son lit cette lettre si simple et si touchante, la dernière que je devais recevoir d'elle : « Mon cher Léon, que le bon Dieu te console, ta pauvre maman se meurt ; je ne puis t'écrire plus long ; je t'embrasse de tout mon cœur. Ta maman toute dévouée. » Deux jours après, j'appris sa mort. On me remit la lettre au milieu de la cour, vers dix heures du matin. Je restai plus d'une heure comme foudroyé, sans pouvoir pleurer ; j'étouffais et j'aurais voulu mourir ; je regardais de tous côtés en balançant ma tête trop pesante, pleine de désespoir ; je ne voyais que des figures grimaçantes ou hébétées ; j'aurais voulu au moins être seul, dans une cave ou dans un grenier, pour pousser à l'aise mes cris de douleur, mes gémissements, mes plaintes, mes regrets, pour pouvoir me tordre à l'aise et me rouler par terre. Il fallut rester dans cette cour et sous ces regards que vous savez. Pendant ce jour et les jours suivants, je m'appuyais ou m'asseyais à terre contre une colonne, et, à l'aide des souvenirs de ma mère, je pus pleurer devant tout le monde, me plaignant, me désolant, sondant, élargissant ma plaie, qui me semblait, chaque jour, plus profonde, et qui même encore me semble inguérissable. Qui est-ce qui me comprendra à l'avenir ? Qui est-ce qui m'aimera comme elle ? Son regard voyait tout dans mon cœur, et son affection me consolait de tout. Elle était collée à toutes les fibres de mon cœur, et quand elle en a été arrachée, j'ai senti que je perdais tout mon sang, toute ma puissance d'aimer, les trois quarts de ma vie, et que je ne suis plus qu'un triste spectre à apparence vivante, machine à souffrir et à faire souffrir. Mon cœur ne peut pas se fermer ; il me semble qu'il saigne toujours, et que mon sang en découle tout le long de mon corps jusque sur mes pieds. (*Profonde sensation.*)

Je ne pouvais pas manger et je pleurais toutes les nuits. Avant de

m'endormir, je priais Dieu de m'accorder la grâce de ne pas me réveiller et d'aller rejoindre celle que j'aimais tant. Comme tout cela
s'écartait un peu des règlements qui exigent qu'on mange et qu'on ne
pleure pas, les infirmiers en firent leur rapport, et comme le médecin
en chef était absent, j'eus affaire avec son remplaçant. Celui-ci déclara
que la douleur changeait un peu la nature de ma folie, qui semblait
tourner en une monomanie religieuse, et il ordonna que pour remède
et consolation, on me mettrait dans un bain glacé pendant quatre
heures, avec un couvercle en tôle qui m'empêchait de remuer et me
serrait la tête comme un carcan, et une énorme éponge qu'on me
mettait sur la tête après l'avoir trempée, toutes les dix minutes, dans
un seau d'eau glacée. Il affirmait que cela me consolerait et me rendrait
l'appétit. Je sortis de ce bain moitié mort, pouvant à peine me soutenir
sur mes jambes amollies. Mais je mangeai un peu pour éviter le retour
du remède et je prenais soin de bien me cacher, quand j'avais envie
de pleurer. (*Vive sensation.*)

Le présent était sombre et je n'osais regarder dans l'avenir. Deux
espérances seules me restaient, c'est que M. Billault tomberait en dis-
grâce ou qu'il viendrait à mourir, et comme, suivant l'expression du
second médecin de Charenton, j'étais alors atteint de la monomanie
religieuse, je ne cache pas que demandais ardemment à Dieu de
m'accorder un de ces deux événements. J'avais appris sa maladie par
les journaux, mais j'avais appris en même temps que c'était une in-
disposition sans aucune gravité. Pourtant, j'en avais l'imagination
frappée, et soit par un pressentiment que je ne puis expliquer, soit
par fièvre, soit autrement, il me sembla, une nuit, qu'une voix douce
comme un souffle passa sur ma figure en disant : « Billault est
mort ». Je m'éveillai à l'instant, et ne me rendormis pas. Le lendemain, je dis à plus de cinquante infirmiers ou pensionnaires que Billault était mort ; on en souriait d'incrédulité, et cependant il était bien
mort ; le journal l'annonça officiellement le lendemain, et les détails
qu'on donnait me confirmèrent que je l'avais pressenti au moment
même.

Quelques jours après, M. le procureur général Cordoën vint me
voir. Sa parole fut pleine de bon sens, de sympathie, d'affection, de
consolation, d'espérance. Il me promit ma liberté dans un avenir peu
éloigné, et provisoirement il m'apporta quelques livres que je lui demandai et la faveur de recevoir le *Journal des Débats*. Il revint plusieurs fois, et, dans les longs entretiens que nous eûmes ensemble, il
me demanda de lui expliquer quelques points qui lui semblaient ob-
curs dans les attaques qui avaient été dirigées contre moi. Comme il
est possible que les mêmes bruits soient arrivés à vos oreilles, je vais

vous répéter, messieurs, les explications que je lui donnai; c'est le sommaire de mes relations avec M. Billault et de la cause de son acharnement à me persécuter. Je serai court, ayez l'indulgence de me continuer votre bienveillante attention. J'étais venu, en 1846, m'établir comme avocat à Paris; j'y avais été appelé par l'amitié de M. Dornès, rédacteur du *National*, dont je partageais et dont je partage encore les opinions politiques. Je n'avais que vingt et un ans, je ne pouvais pas prendre au barreau une place bien brillante; je travaillais chez un avocat au conseil d'État et à la cour de cassation, M⁰ Labot, avec Batbie, qui est devenu depuis professeur à l'école de droit; je plaidais quelques affaires civiles que me confiaient mes compatriotes du département de la Creuse, établis à Paris comme maîtres maçons, maîtres peintres, entrepreneurs de bâtiments, et généralement on était assez content de moi; j'étais laborieux, moral, intelligent; je plaidais assez souvent en police correctionnelle et en cour d'assises; c'étaient mes affaires de prédilection, car j'avais le cœur chaud et la parole ardente, et je communiquais ordinairement mes impressions aux jurés et souvent aux juges. J'avais pu me faire connaître de messieurs Troplong, Baroche, Crémieux, Bethmont, et ils me donnaient des témoignages de leur estime. Mais celui de tous avec qui j'avais les relations les plus familières, les plus cordiales, les plus intimes, c'était M. Bethmont. J'aimais ce talent si pur, si logique, si correct, si plein d'honnêteté et de bonne foi, j'aimais cette réputation si exempte de clinquant, de charlatanisme, d'alliage impur, toute basée sur l'estime; j'aimais l'homme avec sa belle et bonne physionomie, sa plaisanterie douce, mais pas méchante, son cœur toujours jeune; je partageais enfin ses convictions politiques, je l'aimai tout entier. Il m'aimait aussi et j'ai conservé des témoignages précieux de son affection. C'est dans ces conditions que me trouva la révolution de 1848; je ne songeais pas à être fonctionnaire, c'est M. Troplong, aujourd'hui président du Sénat, qui demanda pour moi, à M. Crémieux, la place de substitut du procureur général à Riom, et qui attesta dans sa demande que j'étais un bon républicain de la veille. Je l'étais en effet, mais je ne puis penser à cette caution sans sourire. Je me trouvais bien assez avancé à 25 ans d'être substitut du procureur général à Riom, et nonseulement c'est sans le demander, mais c'était malgré moi qu'on me nomma avocat général à Dijon. Mes vingt-quatre ans arrivèrent pendant que j'étais à Dijon; ce n'était pas assez, il faut vingt-sept ans pour être avocat-général; le maire de ma localité me dénonça à ce sujet, et je fus remplacé dans mes fonctions. Et là se place la première calomnie dont j'ai été et dont je suis encore victime; on a dit, on répète que pour me faire nommer aux fonctions que j'ai occupées je m'étais servi de l'acte de naissance d'un frère aîné mort en bas âge et ayant les mêmes prénoms que moi. C'est un mensonge absurde : jamais je n'ai eu de frère aîné, je suis l'aîné; jamais ni M. Crémieux, ni M. Marie, ni M. Odilon-Barrot ne m'ont demandé aucun acte de naissance; ils vivent tous trois et l'attestent ; j'ai envoyé au ministre de la justice Delangle un certificat du maire de Felletin, attestant que je suis l'aîné, que je n'ai pas eu de frère mort avant moi; c'est bien établi, bien prouvé, et on me le reproche toujours. La police qui a imaginé cela n'en veut pas démordre ; elle a imaginé cela en même temps que ma paralysie. Passons. En quittant mes fonctions de magistrat, j'allai m'établir comme avocat à Limoges où il y avait une place à prendre, les chefs du barreau étant devenus représentants du peuple. Cette place je la prenais quand j'eus le malheur de rencontrer sur mon chemin M. Billault. Voici comment : J'avais plaidé plusieurs affaires de manière à obtenir les sympathies du public et souvent les félicitations officielles des juges. Une affaire importante devait arriver devant la cour d'assises ; il s'agissait d'une accusation de parricide contre un père et sa fille; l'un et l'autre me chargèrent de leurs intérêts. Mais trouvant le poids trop lourd et aussi par une autre raison qu'il est inutile de faire connaître, je résolus de ne plaider que pour l'un des accusés, et de confier à un confrère la défense de l'autre. Mes clients m'autorisèrent à m'adjoindre celui qui me plairait. C'est alors que La Gueronnière, que je voyais journellement à Limoges, m'engagea à m'adjoindre M. Billault. La Gueronnière avait été journaliste légitimiste et il y avait mangé toute sa fortune et même un peu plus; les nécessités matérielles, les exigences de la famille se faisant sentir, il ne voulait plus écrire par chevalerie ni dévouement, mais sur commande et pour qui le payerait le mieux ; il cherchait à s'orienter et à guetter d'où viendrait le vent, et dans un récent voyage à Paris, on lui avait indiqué Billault comme une très-bonne girouette sur laquelle il pourrait se fixer, et dont la position avait au surplus une grande ressemblance avec la sienne. (M. le président invite M. Sandon à ne pas s'appesantir sur ces détails.)

J'obéis aux désirs du tribunal, M. le président. Je vins donc à Paris et je vis M. Billault. Il accepta ma proposition ; il fut convenu que les honoraires, qui étaient de douze mille francs, seraient partagés entre nous par moitié. Puis nous parlâmes politique, et comme il y avait un représentant à nommer dans la Haute-Vienne, par suite de la condamnation de Daniel-Lamazière par la haute cour de Bourges, pour l'affaire du Conservatoire des arts et métiers, M. Billault me demanda si nous aurions un candidat, s'il aurait lui-même des chances d'être nommé. Je vis bien que La Guéronnière lui en avait parlé et que c'est moi qu'on destinait à tirer les marrons du feu ; je lui répondis que nous n'avions encore aucun candidat, que sa notoriété parlementaire pourrait fixer notre choix sur lui, s'il nous édifiait sur ses opinions actuelles et si elles étaient en harmonie avec les nôtres. M. Billault me fit alors une profession de foi d'un socialisme si exagéré, que je lui dis : c'est trop, c'est beaucoup trop, on ne vous en demande pas tant. Il me parla ensuite du président de la république, de son entourage, de ses ministres, de ses projets, en termes d'une haine, d'une violence, d'un mépris tels que j'en fus stupéfait. Je l'engageai à faire une profession de foi écrite dans le sens de sa profession verbale, mais en adoucissant beaucoup l'expression. C'est inutile, me dit-il, ma profession de foi est dans ma conduite à *la Constituante*, dans mon discours sur le droit au travail; au surplus, me dit-il, voyez vos amis, et je vous écrirai, sur les divers points sur lesquels ils jugeront convenable de m'interroger, des lettres que vous pourrez leur montrer. Je revins à Limoges un peu dégoûté de lui, le trouvant trop exagéré démolisseur; comme c'était convenu, je lui demandai son avis sur diverses questions et diverses personnes, et il me l'écrivit avec la même violence qu'il avait parlé. Je montrais ses lettres aux chefs du parti et elles faisaient fureur. Son élection se préparait, et elle aurait certainement réussi si les représentants républicains siégeant à la *Législative* n'avaient décidé que pour protester contre la loi du 31 mai, on devait s'abstenir de voter, et par conséquent de présenter un candidat. Billault m'en parut très-vivement contrarié. Il vint néanmoins à Limoges pour plaider le procès ; par une suite d'incidents dont je ne puis redire les détails, il se trouva, dès la quatrième audience, seul chargé de la défense des accusés, et les fit acquitter. Par suite de ces incidents dont la cause est et doit rester ignorée du public, je fus cité devant le conseil de l'ordre des avocats de Limoges. Je croyais et crois encore que le conseil de l'ordre n'avait pas le droit de me demander les motifs de la conduite de mes clients à l'audience, surtout quand mes clients, loin de se plaindre de moi, m'accablaient d'excuses et de remerciements; c'est assez pour un avocat de répondre de ses propres actions sans qu'on lui demande compte de celles d'un client accusé de parricide. Sous le coup de cette demande d'explications, je vins ici à Paris consulter sur la conduite à tenir, MM. Dupin aîné, Paillet, Delangle, Duvergier ; tous me conseillèrent unanimement de ne donner aucune explication, et M. Duvergier me fit une consultation écrite à ce sujet. Je répondis donc aux avocats de Limoges que je n'avais rien à leur répondre;

sur cette réponse ils me rayèrent du tableau. Je fis appel de leur décision devant la cour d'appel, qui statua toutes chambres réunies et à huis clos. Devant la cour et d'après les avis des éminents avocats susnommés, je me défendis. La cour rendit un arrêt d'après lequel elle ordonna ma réintégration au tableau. Et tous ceux qui connaissent les détails de cette affaire pensent et disent que ma conduite a été admirable de discrétion, de courage, de délicatesse, de dévouement aux devoirs de ma profession. Et pourtant la police dit; et on me répète chaque jour que je suis un avocat rayé du tableau. Mais passons. Qui donc croit à l'honorabilité de la police? Les mouchards mêmes la méprisent. En résumé, Billault fut lâche à mon égard à Limoges, mais ce n'est pas lui qui m'accusa. Il avait des devoirs analogues aux miens, il garda et dut garder le silence; il aurait peut-être pu m'éviter quelques désagréments; je reconnais pourtant que sa position était difficile, et que le plus sage parti était peut-être celui de ne rien dire. Les avocats de Paris le pensèrent ainsi, et comme eux, il ne pouvait pas croire que les avocats de Limoges fussent si bêtes. Mais un tort bien réel de M. Billault à mon égard, fut de garder tous les honoraires pour lui seul, après m'avoir fait dépenser quinze cents francs pour le recevoir, le conduire en poste et le traiter en grand seigneur. Le résultat fut qu'à la suite de cette affaire je lui gardai rancune. Nous cessâmes d'avoir ensemble aucuns rapports.

C'est après le coup d'état, en relisant sa correspondance et en voyant son éminente position que je me mis à relire ses lettres. Je ne pouvais croire à la bonne foi de sa conversion et je conçus contre lui une haine, ou pour mieux dire un mépris immense. Je le lui écrivis en termes très-violents; il me répondit en m'assurant de son amitié, de sa profonde estime et en m'offrant sa protection. Il voulait absolument me voir, m'embrasser et me placer. Je fus obligé de venir le voir. Dans les diverses entrevues que nous eumes, j'avoue que les torts furent de mon côté; il m'offrait des places de procureur-général, de préfet, de l'argent, et je l'appelais petit drôle, petit histrion; quelques fois même il m'arriva de le souffleter sans qu'il se défendît. Ma seule excuse, c'est que je le méprisais profondément.

A la fin il reconnut que toute entrevue entre nous était impossible, ne produisant d'autres résultats que de m'irriter davantage. C'est alors qu'il prit le parti de me faire arrêter chaque fois que je venais à Paris, et d'essayer de me faire voler sa correspondance. Mais j'étais sur mes gardes et il ne put jamais y réussir. Il l'a eue pourtant, mais par trahison. La Gueronnière m'avait prié de la lui confier pour huit jours, me jurant sur sa parole d'honneur que personne n'en saurait rien et qu'il me la rendrait fidèlement à moi-même. Je croyais à l'honnêteté de La Gueronnière comme homme privé, je la lui confiai. Il la connaissait au reste depuis fort longtemps, ayant vu à Limoges chaque lettre à mesure que je la recevais, et en ayant été dépositaire pendant l'année 1852, dépôt qui, m'a-t-on dit, n'avait pas nui alors à sa fortune. Enfin j'eus confiance en lui, et deux heures après tout était remis aux mains de M. Billault. Quand j'appris cet indigne abus de confiance, j'entrai dans une violente colère, et incontinent par exploit de Metivier, huissier, je fis assigner La Gueronnière pour avoir à me rendre mon dépôt. Le lendemain de mon assignation, on me fit arrêter, on commença à me supplicier en prison, à me traîner devant les juges d'instruction, à m'insulter, à me diffamer, à avoir recours enfin aux médecins aliénistes. Les sicaires, aux gages des puissants, s'appellent aujourd'hui les médecins aliénistes, et l'abattoir est Charenton.

Voilà, messieurs, toute l'histoire de mes démêlés avec M. Billault. M. Cordoën, à qui je la racontais et qui avait été procureur impérial au temps de mes premières comparutions devant les juges d'instruction, avait tout connu par lui-même, et il savait combien on avait été injuste et atroce à mon égard. Il me montra donc, comme je vous le disais, une grande bienveillance; après lui vint M. Legendre, substitut, qui me parla et se conduisit en brave homme, Les deux derniers mois que je passai à Charenton furent bien moins cruels que les premiers, matériellement d'abord, ensuite, parce que j'entrevoyais la fin. Au bout de dix-sept mois, un jugement du tribunal ordonna ma mise en liberté, un jugement du tribunal, car le préfet de police qui pouvait et devait le faire par un simple ordre obéissait encore aux exigences de la famille Billault.

Quelques jours après ma mise en liberté, Guéroult me fit voir le prince Napoléon. Il fut, comme chacun sait, très-surpris de voir un Sandon bien constitué physiquement, et assez bien portant moralement et intellectuellement. Il me promit sa protection, et ma famille tarda peu à en sentir les effets. Pour moi, il m'a fait accorder une indemnité de dix mille francs par le ministre de l'intérieur; je refusai d'abord péremptoirement de toucher cette indemnité, attendu que ce que je voulais avant tout était une réparation morale, et que je ne voulais pas vendre ma réputation, mon honneur, la vie de ma mère, pour dix mille francs. Mais le prince m'ayant observé que cette réparation matérielle avait la signification d'une réparation morale, je consentis à ce que cette somme fût payée directement aux créanciers que j'avais été obligé d'avoir pendant mes six ans de séquestrations, arrestations, emprisonnements. Elle leur fut payée par M° Lacomme, avoué du prince, qui leur écrivit directement sur mes indications et reçut leurs quittances directes. Mais cela est-ce une indemnité suffisante? Matériellement on m'a fait dépenser plus de trente mille francs, moralement mes pertes sont inappréciables. *(Marques d'assentiment.)*

Evidemment, je puis et je dois m'adresser aux médecins qui ont été les infâmes instruments de Billault et de sa police. Mais je dois faire une exception en faveur du docteur Blanche; pendant qu'à Mazas on me faisait mourir de misère, qu'à Charenton on me faisait mourir d'ennui, et qu'on attendait avec une scélérate impatience que le désespoir produisît la folie; pendant que l'inspecteur Parchappe venait se plaindre de ce qu'on ne me martyrisait pas assez, le docteur Blanche me faisait souvent donner à Mazas un peu de vin et de viande qu'il payait de sa bourse; à Charenton, il m'envoyait quelques livres, il ne me donnait pas seulement le pain du corps et celui de l'intelligence, il venait me voir, me serrer la main, me parler en ami, me donner quelque espérance, et verser ainsi sur ma pauvre âme saignante et enfiévrée la rafraîchissante rosée de son bon cœur. Il a signé le certificat, mais il a dû souffrir; j'ignore ses motifs, je présume qu'en face de la haine qui se déchaînait contre moi, il a pu prévoir de plus grands malheurs; mais je ne vous cache pas que je n'ai pas le courage de l'accuser personnellement; je l'excuse, s'il en a besoin, je lui suis reconnaissant et je l'aime.

Celui-là mis de côté, il est incontestable que les médecins sont responsables du mal qu'ils m'ont fait, qu'ils l'ont fait sciemment, que leur acte est un crime aux yeux de tous les honnêtes gens. Tardieu est le plus coupable, car je puis prouver par témoins, par un écrit daté du jour même, que Tardieu est venu dans ma cellule de Mazas; me tenir le langage suivant: « Voyons, M. Sandon, parlons carrément: nous savons bien que vous n'êtes pas fou, mais vous embêtez énormément le premier ministre; on veut se débarrasser de vous. Vous ne voulez pas de place, eh bien, voulez-vous de l'argent? Voyons, combien voulez-vous? Voulez-vous soixante, voulez-vous cent mille francs? Voyons, parlez... parlez donc... vous ne dites rien; eh bien on va vous coller à Bicêtre, où vous crèverez. » Je prouverai que cela a été dit par Tardieu, je le prouverai par témoin et par écrit, je le répète. *(Sensation.)*

Le moins coupable était peut-être le docteur Foville. Quel homme pour juger du bon sens d'un autre homme... le docteur Foville a été, il y a quinze ans, médecin en chef de Charenton; il fut mis à la retraite parce qu'un jour, étant dans sa voiture, il cassait les glaces à coups de poing; on l'arracha de son véhicule et comme il délirait on l'enferma pendant quelques mois dans une maison de santé, et le calme lui revint. Rendu à lui-même, il voulut faire profiter la science aliéniste de ses loisirs; alors il s'amusa chaque jour à se regarder penser, examinant son moi objectif avec son moi subjectif... ou peut-être c'est moi qui me trompe : c'était son moi objectif qui examinait son moi subjectif. Quoi qu'il en soit, il était parvenu à se rendre un compte très-exact de la manière dont pensaient les idiots; il l'a affirmé et décrit dans son livre, et chacun a été de son avis, chacun a pensé que son livre était le meilleur spécimen de la manière dont pensaient les idiots. Pauvre Foville, tant objectif, que subjectif! (*Hilarité générale.*)

Mais les autres, Tardieu, Parchappe, Baillarger, Mitivié, misérables esclaves du pouvoir, assassins de police, ne sont pas fous. Ils sont bien responsables. Les uns sont fonctionnaires, comme Tardieu et Parchappe, et ne pouvaient, sous peine de destitution, donner tort à son excellence le premier ministre. Les autres gagnent beaucoup d'argent en tenant des maisons de santé, et comme la police les inspecte, elle peut les supprimer. Aucun n'était indépendant par position, et ils ont obéi par intérêt et par servilité. Je sais positivement qu'on ne leur a pas donné d'argent pour les corrompre; on les tenait assez par ailleurs pour être assuré de leur docilité.

J'aurais voulu les voir en face, discuter avec eux contradictoirement, leur demander des comptes qu'ils doivent encore plus à l'opinion publique qu'à moi. J'aurais voulu discuter contradictoirement les motifs de leurs certificats et principalement ces interrogatoires devant les juges d'instruction dont on prétend m'accabler. Que pouvais-je faire de plus honnête et de plus légal que de les assigner devant la magistrature? Je ne les diffame pas clandestinement, je les appelle devant vous pour que vous nous jugiez en présence de l'opinion publique. Ils ne répondent pas à mon appel. Ils sont responsables de leurs actes cependant; la loi n'établit que trois catégories d'individus irresponsables : les fous, les mineurs et les sénateurs, ceux des deux premières catégories parce qu'ils n'ont pas assez de raison, ceux de la dernière sans doute parce qu'ils en ont trop. (*Hilarité générale.*)

J'ai dû plaider cette affaire pour les raisons que je viens de vous dire, raisons personnelles; j'ai dû la plaider aussi pour que l'opinion publique fût éveillée, et que les nécessités politiques ne demandent plus à l'avenir de semblables services à Esculape aliéniste dont le dévouement est sans bornes.

Voilà ce que je voulais en venant plaider devant vous. Je ne vous

demande pas de m'accorder quelque argent aux dépens des médecins ;
je ne vous demande pas de me restituer par un jugement ma raison
ravie par leur certificat, afin de montrer à ceux qui en douteraient
que vous me l'avez rendue et que je la possède par décision judi-
ciaire.

Vous venez de m'écouter pendant deux heures avec quelque intérêt, je l'ai vu, et vous en remercie. L'opinion publique rendra le jugement, je me désiste de ma demande d'argent.

*(Applaudissements vifs et prolongés.)*

www.ingramcontent.com/pod-product-compliance
Lightning Source LLC
Chambersburg PA
CBHW061112050726
47594CB00005B/1896